S. FISCHER

Neben seinen großen Romanen schreibt Christoph Ransmayr an einer den »Spielformen des Erzählens« gewidmeten Reihe schmaler Bände in Weiß. Vorgeführt wurden dabei bisher Tirade, Gerede, Verhör, Bildergeschichte, Schauspiel … Die ersten Geschichten im Leben Ransmayrs waren die Gesänge eines häuslichen Frauenchors, in dem seine Mutter und mit ihr eine Magd alles, was einem Kind erzählt werden sollte, sangen. Diesem Beispiel folgend erzählt er nun im zwölften Band dieser »Spielformen« in Balladen und Gedichten von abenteuerlichen Reisen nicht nur ins Hochgebirge, in das Blau des Himmels oder an den Meereshorizont, sondern durch die Zeit. Und die Rückkehr zu geliebten Menschen erscheint dabei manchmal als das nur mit letzter Kraft zu erreichende Glück.

Anselm Kiefer hat diese Balladen und Gedichte in Aquarelle verwandelt.

Christoph Ransmayr

Unter einem Zuckerhimmel

Balladen und Gedichte

Illustriert von Anselm Kiefer

S. FISCHER

Aus Verantwortung für die Umwelt hat sich
der S. Fischer Verlag zu einer nachhaltigen Buchproduktion verpflichtet.
Der bewusste Umgang mit unseren Ressourcen,
der Schutz unseres Klimas und der Natur gehören zu
unseren obersten Unternehmenszielen.

Gemeinsam mit unseren Partnern und Lieferanten
setzen wir uns für eine klimaneutrale Buchproduktion
ein, die den Erwerb von Klimazertifikaten zur
Kompensation des CO_2-Ausstoßes einschließt.

Weitere Informationen finden Sie unter:
www.klimaneutralerverlag.de

FSC www.fsc.org MIX Papier | Fördert gute Waldnutzung FSC® C083411

Erschienen bei S. FISCHER

Innengestaltung: Katja von Ruville, Frankfurt am Main
Druck und Bindung: CPI books GmbH, Leck
Printed in Germany
ISBN 978-3-10-397502-4

Von Vogelhochzeiten und Kühltruhen

In den ersten jener abenteuerlichen, von Rätseln erfüllten Jahre, die manchmal schwärmerisch *Kindheit* genannt werden, habe ich Erzählungen vor allem als Gesänge gehört.
Ein kleiner Chor von Frauen, unter ihnen meine Mutter und an Freitagvormittagen auch eine Magd, die gemeinsam mit ihr, nach der Stallarbeit in einem benachbarten Vierkanthof, auf den Knien den rissigen Holzboden unserer Wohnung mit Reisbürste und Kernseife wusch, sang von Vogelhochzeiten, von Königskindern und einem Männlein im Wald, vom guten stillen Mond und der Zahl der Sterne am Himmelszelt.
Als ich mit dem tropfenden Alphabet einer Buchstabensuppe, deren Lettern auf dem Tellerrand von meiner Mutter zu Zeilen angeordnet wurden, lesen lernte und dann in Liederbüchern sah, daß die Geschichten des Frauenchors in Strophenform gedruckt waren, wurde ich überzeugt, daß wohl Verse und gesungene Strophen die vollendete Form einer Geschichte sein mußten. Denn in den profanen, vom linken zum rechten Seitenrand laufenden und Buchseiten schraffierenden Zeilen konnten zwar Märchen, Legenden und Sagen überliefert werden, aber ihre mitreißende Dramatik fand ihren Weg offensichtlich erst in Herzen und Köpfe, wenn sich eine menschliche Stimme ihrer annahm und sie als Gesang vortrug.

Der klangvolle Bariton des Pfarrherrn unseres Dorfes, eines hochmusikalischen und gutmütigen Alkoholikers, der in meinen ersten Schuljahren die Schrekkensgeschichten des Alten Testaments zur Gitarre *sang* und am Ende seiner Stunden die Namen der besungenen Bibelgestalten in Blockbuchstaben an die Tafel schrieb, schien diese Überzeugung zu bestätigen.
Der unbesiegbare Held dieser Lieder war und blieb für mich lange Zeit Shimshōn alias Samson, ein Richter aus dem israelitischen Stamm Dan, der seine übermenschlichen Kräfte seinem wallenden Haar verdankte, bis seine Geliebte Dalila dieses Geheimnis an seine Todfeinde, die Philister, verriet und Samson im Schlaf geschoren, am nächsten Morgen mit einem glühenden Nagel geblendet und in ein Tempelverlies geworfen wurde.
Dort lag er, dort *schmachtete* der blinde Samson, wie der Pfarrherr sang, in einer kalten Finsternis, bis zu jenem Tag, an dem er ins Licht des Tempels hochgeprügelt wurde, um vor dreitausend versammelten Philistern verhöhnt zu werden. Aber in den Jahren seiner Demütigung und Qual war Samsons Haar wieder gewachsen und fiel nun wie in den Zeiten der Unbesiegbarkeit bis über seine Schultern herab.
Er sei so schwach, flüsterte der Blinde, man solle ihn doch an eine der Säulen des Tempels führen, damit er sich anlehnen könne, um nicht zu stürzen und auf dem Boden liegend für die meisten Versammelten unsichtbar zu sein. Und als Samson im Gelächter und einem Chor von Beschimpfungen endlich zwischen zwei tragenden Säulen stand, breitete er seine Arme aus, drückte die Säulen von seinem blutig geschlagenen, in Fetzen gehüllten Körper, brachte so den

Tempel zum Einsturz und starb in einer ungeheuren Staubwolke gemeinsam mit dreitausend seiner Feinde.

Mir wurde viele Erzählungen später, in Nomadenlagern und Dörfern des Himalaya und Transhimalaya, auf Reisen durch die Wüsten des indischen Subkontinents, der arabischen Halbinsel und Afrikas und durch die Archipele der Südsee, erst recht aber während meiner Jahre in Irland noch oft vorgeführt, daß die unzerstörbarsten und manchmal durch Jahrhunderte überlieferten Geschichten weder geschrieben noch gedruckt, sondern allein im Gedächtnis von Generationen bewahrt und gesungen wurden.
Auf einem langen Fußweg durch die Wicklow Mountains, von der irischen Grafschaft Wicklow in die Grafschaft Wexford, hörte ich in einem von Regenschleiern umrauschten Pub den neben mir einzigen Gast an der Theke sein Leben verfluchen. Zwischen abwechselnden Schlucken aus einem Whiskeyglas und einem Pint Murphy's verfluchte der ebenso wie ich vom Regen durchnässte Mann seine Frau, die ihn verlassen hatte, verfluchte seinen Sohn, der die bäuerliche Arbeit gegen ein gottloses Leben in Dublin eintauschen wollte, verfluchte die Bank of Ireland, deren überfällige Kredite ihn seinen Hof und seine Weiden kosten würden, und beschwor den Verlauf seines Unglücks, bis zum Morgen dieses Regentages, an dem auch noch die Kühltruhe ihren Geist aufgegeben hatte – und wechselte plötzlich, als er einen Funkenschlag am Sicherungskasten und abtauende Kühlschlangen als Zeichen eines Trolls beschrieb, den Tonfall und begann – zu singen. Stampfte mit einem Stiefel den Takt auf dem Fußraster der Theke und sang von faulenden

Schinkenhälften, stinkenden Lammkeulen und den zu ranzigen Eisscherben zerfallenden Suppen, die noch seine Frau in friedlicheren Zeiten gekocht hatte.
Der Barmann hörte dem Sänger schweigend und reglos zu, als würde an der Theke nur eine selbstverständliche Regel des Erzählens befolgt. Und ich nahm mir ein Beispiel an ihm, während die von meiner tropfenden Jacke gespeiste Regenwasserpfütze unter dem Fußraster im Stiefeltakt zitterte.

Wenn ich nun mit diesem zwölften, von Anselm Kiefer illustrierten Band meiner *Spielformen des Erzählens* auch einige Balladen und Gedichte vorlege, dann nicht, um den Versuch zu machen, es großen Dichtern nachzutun oder gar zu ihnen aufzuschließen, sondern in dankbarer Erinnerung daran, daß die ersten und mit ihnen einige der eindrucksvollsten Geschichten meines Lebens Lieder waren, Gesänge, an die ich mich erinnern werde, bis mein eigenes Gedächtnis erlischt.

Wien, im Frühjahr 2022
CR

Odysseus

Also gut,
sagt ein erschöpfter Arzt
unter Vorbehalten
(dieser endlose Nachtdienst!):
Also gut, kehren Sie heim.

Und so warte ich,
der Städteverwüster, der Listenreiche,
im Morgenrot
auf die letzte Prüfung meines Blutes,
auf meine Entlassungspapiere, meinen Paß

und höre schon die Brandung,
sehe schon das Meer
und auf seinem Spiegel
ein gleißendes Gespinst möglicher Routen,

ein Knäuel von Routen der Heimkehr,
die am Ende vielleicht
alle zurückführen
in die Ruinen von Troja.

Vorsicht! Noch glotzt mich
Polyphems Auge an,
eine wachsame Kamera,
aber die Mastspitzen
meines auf Reede schaukelnden Schiffs

kritzeln bereits Vorschläge
zum Gewinn der offenen See
an den Himmel.

Odysseus
Christoph Ransmeyer

ŭnd so warte ich auf

e letzte Prüfung meines Blutes

Also gut, so ein erschöpfter

unter Vorbehalten

Also gut, kehren sie

heim

ein gleißendes
Gespinst

öglichen
Routen

noch glotzt mich an

Polyphems Auge

Der Einzige

Dieses Rauschen vorm Fenster …,
soll das Regen sein? *Das* soll Regen sein?
Klingt wie Motorenlärm, Maschinen.
Regen, besonders der nach
einem Sommergewitter,
rauscht anders, ganz anders
in meiner Erinnerung,
unablässiger, beharrlicher.
Und dann das tropfende Blattwerk,
die glucksenden Dachrinnen.

Aber ich weiß: Die Erinnerung trügt.

Und diese Bäume!
Das sind doch keine Bäume.
Winken mir denn von dort oben Blätter zu,
schlägt etwas aus in den Kronen, treibt Blüten?
Antennen. Antennen sind das,
vom Wind aus dem Lot gerüttelt,
vom Rost gebräunt.
Und der Schatten, den ihr Dickicht
auf die nackten Vorplätze wirft,
erinnert an böse Schraffuren,
Gitterstäbe.

Aber ich weiß: Die Erinnerung trügt.

Seltsam, der Einzige zu sein,
der sieht, was zu sehen,
und hört, was zu hören ist,
der Einzige, weil alle anderen,
die das Wort an ihn richten
und ihm zuhören, ihn fragen, trösten,
vielleicht besänftigen wollen,
alles anders sehen,
anders hören,

wenn sie zu einer Schuttwüste Garten
und taghell zur Finsternis sagen.
Und zum Kreischen von Kreissägen
Engelsmusik.

Der Einzige
von Christoph Ransmayer

Dieses Raūse

da draußen

Regen, besonders der Sommer

rauscht anders

Antennen, Antennen

sind das, vom Wind verbogen,
vom Rost gebräunt

Das sind doch keine Bäume

Winken mir denn von dort obe

Blätter zu ?

und der Schatten, dem ihr Dickicht auf d

ackten Vorplätze wirft, erinnert an böse
Schraffuren

aber ich weiß: die Erinnerung trügt

Trost des Steinschleifers

Wie oft er sich verliert
in den Tiefen kristalliner Strukturen.
Selbst das stumpfe Glitzern
frisch gebrochenen Granits
erinnert ihn
an die Bauformen der Edelsteine.

Tagsüber sitzt er stundenlang
an seiner Werkbank
(er will ja, was er sieht
nur bei Tageslicht sehen)
und betrachtet durch seine Lupe
die hauchzarten Einschlüsse
im Inneren der Smaragde.

In den winzigen Kristallgärten,
deren Blüten und Fahnen,
orthorhombische Prismen,
Schleier und Heilungsrisse
im Nachmittagslicht
silbergrün leuchten,

sieht er ein geheimnisvolles,
laut- und zeitloses Bild der Welt,
das ihn alle Sensationen und Schrecken
der Geschichte des organischen Lebens
vergessen läßt
und ihm verspricht:

Etwas von dieser Arbeit
wird überdauern.
Nicht für immer, aber länger,
viel länger als alles,
was welken, faulen
und schmerzen kann.

Trost des Juweliers
Christoph Ransmayr

das stumpfe glitzern frisch

ebrochenen Granits

die im

len
winzigen
Kristallgärten
licht glommen

wie oft er mich

den schimmernden Tiefen
kristalliner Strukturen

Geschichte des organischen Lebe

sah er ein geheimnisvolles.

und zeitloses Bild der Welt

Die Bauformen der Edelstei

etwas von deiner Arbeit wird überdauer

Nachrichten aus der Höhe

Über das Spaltengewirr des Gletschers
sieht der Flüchtling
Wolkenschatten dahingleiten
und die Wandfluchten emporsteigen,
bis sie sich in einem blauschwarzen,
mit Kumuluswolken behängten Himmel verlieren.
Hier führt jeder Blick nur noch höher:

aus der prunkenden Vegetation
mit ihrem Überfluß an Düften,
ins Grün gesprengten Farben und Blütenformen
hoch hinaus über alle organische Pracht
und durch seidig schimmernde Dunstbarrieren
weiter in den blendenden,
alles überstrahlenden Glanz des Eises,
das in seinen Kristallen den Sauerstoff,
das Aroma und die Atemluft
von Jahrtausenden bewahrt.

Hier erscheint die Vertikale,
der Weg ins Gebirge,
als ein Weg durch die Zeit.
Denn so leuchtend, so leer
und von allem Leben entblößt
wie in der Eisregion, wie dort oben,
ist die Welt schon einmal gewesen
und wird nach Ablauf meßbarer Fristen

auch wieder werden, eine Welt
ohne ihn und ohne die Seinen.

Er steigt höher,
bereit, sein Leben aufs Spiel zu setzen,
um es jenseits der Grenze,
auf den abgewandten, südlichen Flanken
des Berges, neu zu gewinnen.

Tief unter ihm windet sich das bleigraue Tal,
aus dem er aufgestiegen ist,
so breit und so lang, daß sein Ende
in bläulichen Schleiern versinkt.
In zahllosen Mäandern gräbt sich
dort unten ein Fluß
in den felsigen Grund.

Wolken füllen die Tiefe,
wälzen sich im Sog der Thermik
zu ihm empor, verrauchen
über den Graten
und lassen den Fluß, seine Ufer, die Gebirgszüge
jedesmal in einer anderen Schattierung zurück.

Und er erinnert sich
an die Durchquerung einer Furt,
an das Waten und Taumeln gegen die Strömung
einem Ufer entgegen, scheinbar unberührt –

und doch waren dann,
im glatten, schnell ziehenden Wasser,
über die ganze Breite des Flusses
beschriebene, mit Schriftzeichen

bedeckte Steine
am Grund erkennbar geworden:

Tausende, Hunderttausende Steine,
kieselgroße, faustgroße, manchmal kopfgroße
Steine, im Verlauf von Jahrhunderten
von Pilgern, die einem fernen Heiligtum
entgegenzogen oder von dort zurückkehrten,
im seichten Wasser versenkt,

damit die Strömung
dem Stein anvertraute Gebete
ans Meer trage und so jedes Wort bewegt, gebetet
und unter der Sonne wieder zu Wasserdampf werde,
und die Schwaden des Dampfes wieder zur Wolke,
aus der dann Zeichen für Zeichen zurückregne
auf das allein den Göttern gehörende Land.

In einer höher und höher führenden
und dabei alles Leben abstreifenden Felsenwelt
der Einzige zu sein, allein zu sein
auf einer gekippten, vertikalen Route,
die selbst an den Wolken nicht endete,
sondern sie durchstieß
und erst irgendwo hoch oben
in der Unabsehbarkeit enden sollte,
hatte stets etwas in ihm übermächtig
werden lassen, wofür er kein anderes Wort wußte
als Grauen.

Dabei war es nicht die Stille der Höhe gewesen,
die ihm wie ein Dröhnen aus seinem Innern
in den Ohren klang, nicht die Verlassenheit,

die alles Vertraute an das Tal, an die Tiefe verlor,
sondern vor allem diese aufsteigende
und wieder absinkende Wolkendecke,

die eine Felswand gleichzeitig
mit der Unendlichkeit verband
und sie von ihr trennte,
dieser verwehende Himmelsrand als Grenze
zwischen einem überschaubaren Diesseits
und einem in Schnee- oder Sturmwolken
verborgenen Jenseits.

Dieses Grauen, eine Angst,
die wohl damals wie heute
im Grunde dem Tod galt,
hatte ihn zugleich verstört
und angezogen – wußte er doch,
daß er nur weitersteigen, höhersteigen,
seiner Route folgen
und die Grenze keuchend, schreiend
oder stumm überwinden mußte,
wenn er jene Besänftigung finden wollte,
die ihn erwartete, wenn ihn der Entschluß,
weiter!, weiter zu gehen, zu steigen
aus dem Wolkenlabyrinth wieder hinaus,
in ein sonniges oder doch wenigstens klares
Schneereich führte,
in die nackte Höhe.

Aber manchmal hatte ihn das Grauen
sogar auf dem Weg nach unten, zurück ins Tal,
in die Tiefe erfaßt,
so, als ob ihn auch unter den Wolken

und am Ende seines Weges zurück
in die Geborgenheit nicht mehr das Vertraute,
eine Weide, ein sicheres Lager,
sondern nur noch Leere,
undurchdringliche Verlassenheit erwarten würde,
lebloser Grund.

Über dem schwarzen Grat,
der ihm zum Weg werden soll,
scheint jetzt, kurz nach Anbruch der Nacht
(er ist für die Nacht in der Höhe gerüstet),
der Mond durch Wolkenfronten zu jagen,
durch rauchende Bollwerke, Ruinen,
in denen das Himmelslicht
sich verfinstert und wieder erstrahlt,
um in einer Folge rasender Auf- und Untergänge
die Trümmer des Firmaments
einmal mit einer Gloriole,
dann wieder mit silbrigen Rändern zu umgeben.

Nur Bruchstücke von festem Land,
Bruchstücke von Eisfeldern, Höhenzügen
sind in diesem Lichtspiel zu sehen,
und was beschneiter Fels und was Wolke ist,
wird ununterscheidbar.

Dieser verfluchte Berg,
der zwischen ihm
und seinen Hoffnungen aufragt,
hat sich auch während des Anmarsches
immer nur in Ausschnitten gezeigt,
umlagert von benachbarten Gebirgszügen,
und hat sich mit jeder neuen Talöffnung,

jedem neuen Ausblick verändert, ja schien sich
vor ihm in einer langsamen Pirouette
zu drehen, als müßte einem Ahnungslosen
der wahre Formenreichtum der Erdkruste
erst noch vorgeführt werden:

zeigte sich einmal als Pyramide,
dann wieder als keilförmiger Koloß,
als zerklüfteter Block, sogar als gleißende Düne
und war über seine wechselnden Gestalten hinaus
doch allmählich zu einer einzigen,
ungeheuerlichen Wand emporgewachsen,
an der sich der Rest des Gebirges, aller Raum,
der Himmel selbst zu stauen schienen.

Vor der wasserblauen Barriere eines Gletschers
schraubt er endlich sein Zelt ins Eis
und empfindet in seiner Erschöpfung
eine solche Gleichgültigkeit gegenüber allem,
was ihn jemals bewegt
und auf diesen Fluchtweg geführt hat,
daß er schon wie der Fels zu werden glaubt,
in dessen Windschatten er schlafen will,
grau, teilnahmslos, stumm,
ausgesetzt allein den Kräften der Erosion und der Zeit.

Sein Haar verwächst mit den Schmelzwasserfurchen,
die Nägel seiner Hände, seiner Füße
werden zu Schiefer,
seine Augen zu Basalt.
Vor der ungeheuren Masse dieses Gebirges
hat nichts Bestand und Bedeutung,
was nicht selbst Stein ist.

Von ihm und allen Generationen
vor ihm und nach ihm
wissen die Wände und Schluchten nichts;
teilnahmslos gähnen sie die Wolken an,
deren Schatten teilnahmslos über die Abstürze gleiten.

Im Morgengrauen
zeigen sich die letzten Aufschwünge
zur Höhe des Gipfels, hinter dem
seine Zukunft, ein helleres Leben, liegen soll,
als Scherenschnitte, um dann
zu mächtigen Palisaden
aus windgepreßtem Schnee zu werden.

Unendlich lange, eine Ewigkeit lang
hält sich der Gipfel
in qualvollen Stunden vor ihm verborgen
in Eiswolken, kristallinen Fahnen,
ja scheint, als er sich endlich
und wie zum Hohn zeigt,
eine gleißende Kuppe,
sogar zurückzuweichen vor ihm,

mit jedem Mal weiter zurück,
wenn er für einige schmerzhafte Atemzüge
zwischen den Wolken aufglänzt
und gleich wieder verschwindet,
vor jedem seiner Schritte zurück
ins immer tiefere Blau der Atmosphäre,
dann ins drohende Blauschwarz des Alls,
das sich durch zerreißende Vorhänge aus Eis
auf ihn herabzusenken beginnt.

Und als aller Himmel endlich zerrissen
und bis auf einen ungeheuerlichen Wolkenturm
im Nordwesten geklärt und verfinstert ist,
weiß er nicht mehr, ob er hinab- oder aufblickt
zu sterngleichen, flimmernden Lichtquellen,
versprengten Sonnen,

weil dort oben, ganz oben,
Höhe und Tiefe eins
und ununterscheidbar werden.

Und er starrt empor und starrt hinab
und ringt nach Luft, keucht, hechelt,
spürt, wie der Schneeboden
unter seinen Füßen nachgibt

und dann sachte und immer steiler
wieder abzufallen beginnt:
Er hat die Grenze erreicht,
den Gipfel.

Von hier, endlich,
führt kein Weg mehr in die Höhe,
sondern jeder Weg in den Abgrund,
zurück zu den Menschen.

Nachrichten aus der Höhe
Christoph Ransmayer

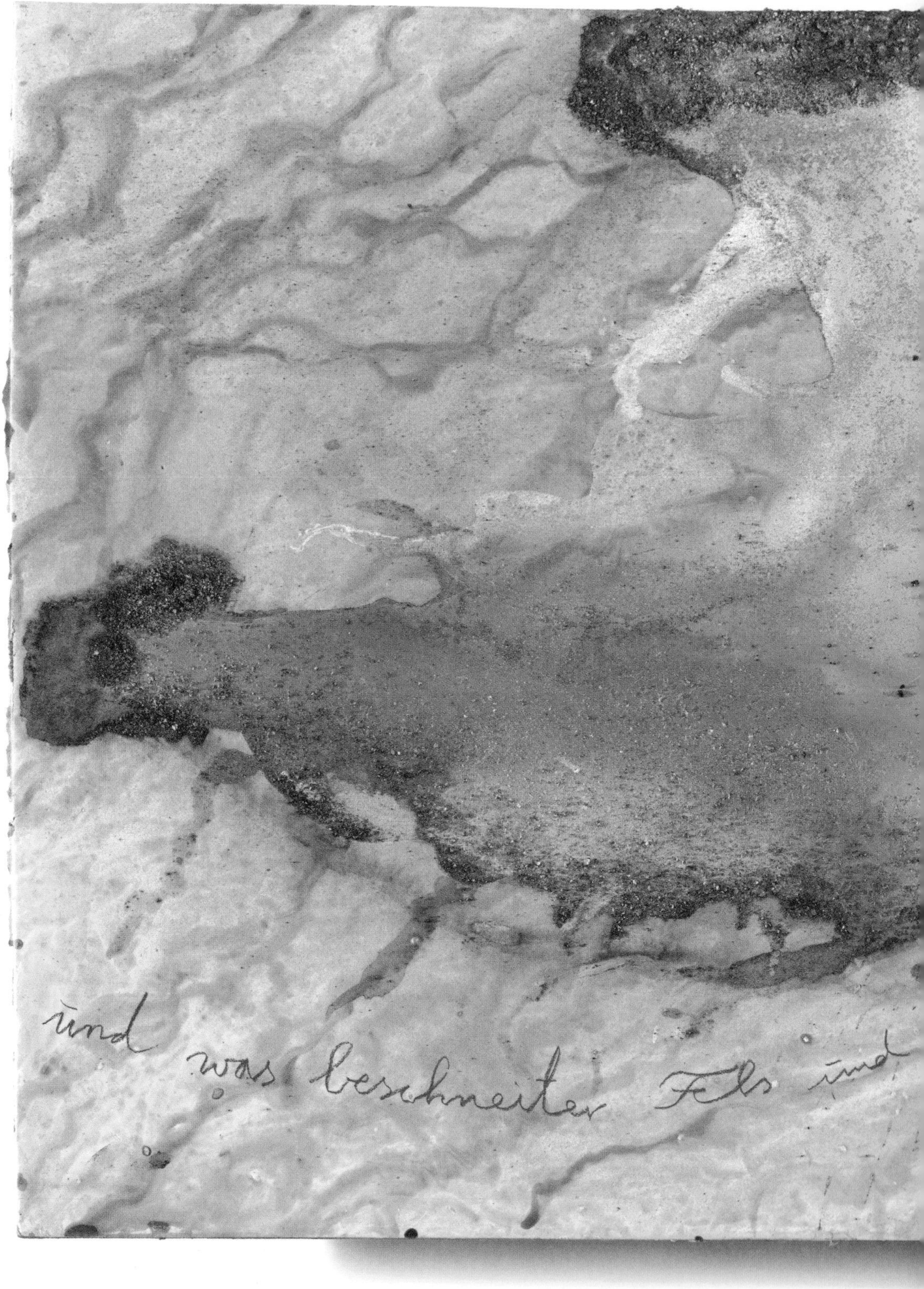
ũnd was beschneiter Fels ũnd

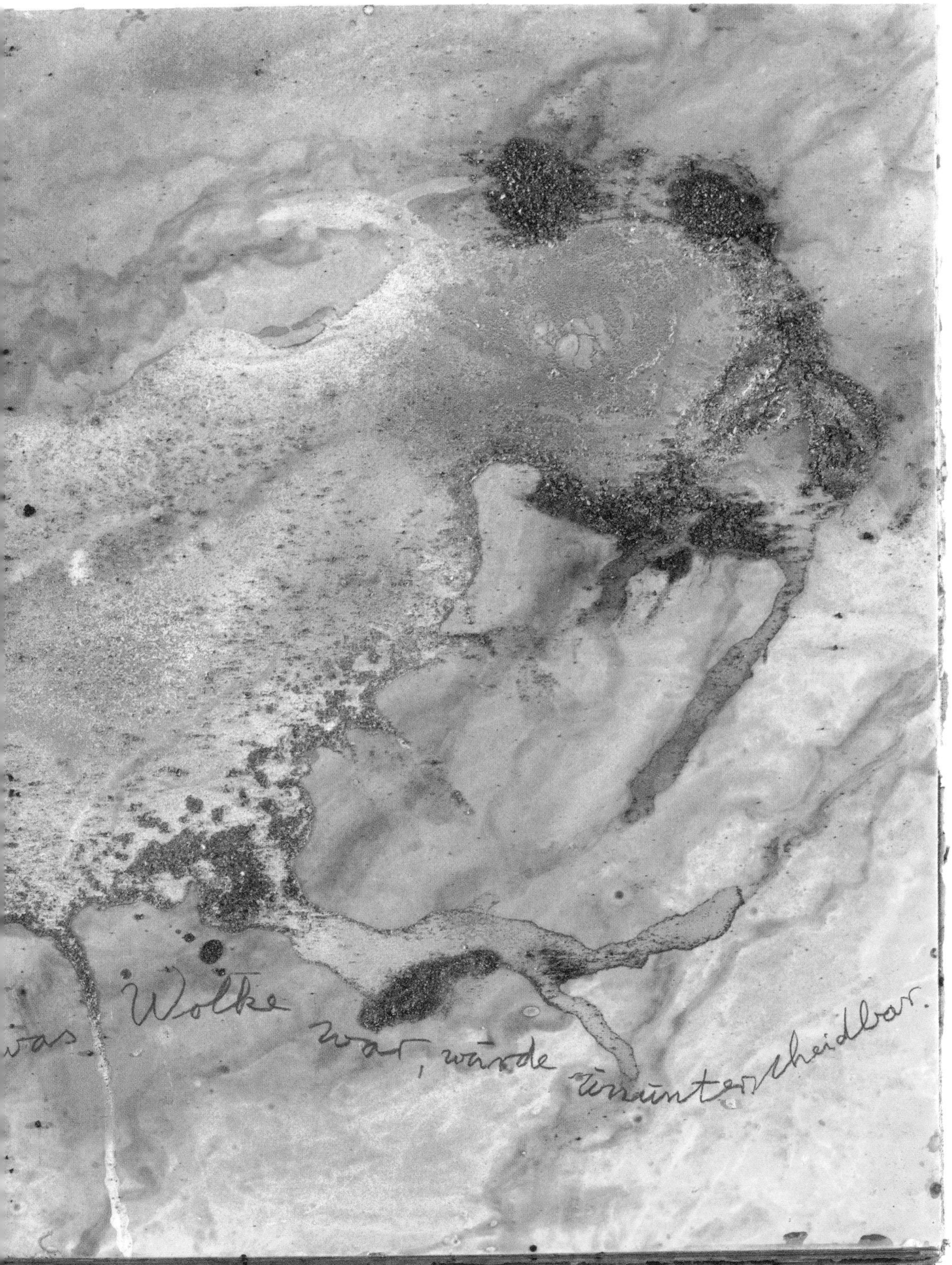
was Wolke war, würde ununterscheidbar.

Damit der Strom die
dem Stein
und so
jedes Wort bewegt und
und die Schwaden des Dampfes wieder
selbst der Hagel zurückschlage

trauten Gebete ans Meer trage
nte
der Sonne wieder
Zu Wasserdampf werde
r Wolke
das allein den Göttern gehörende Land

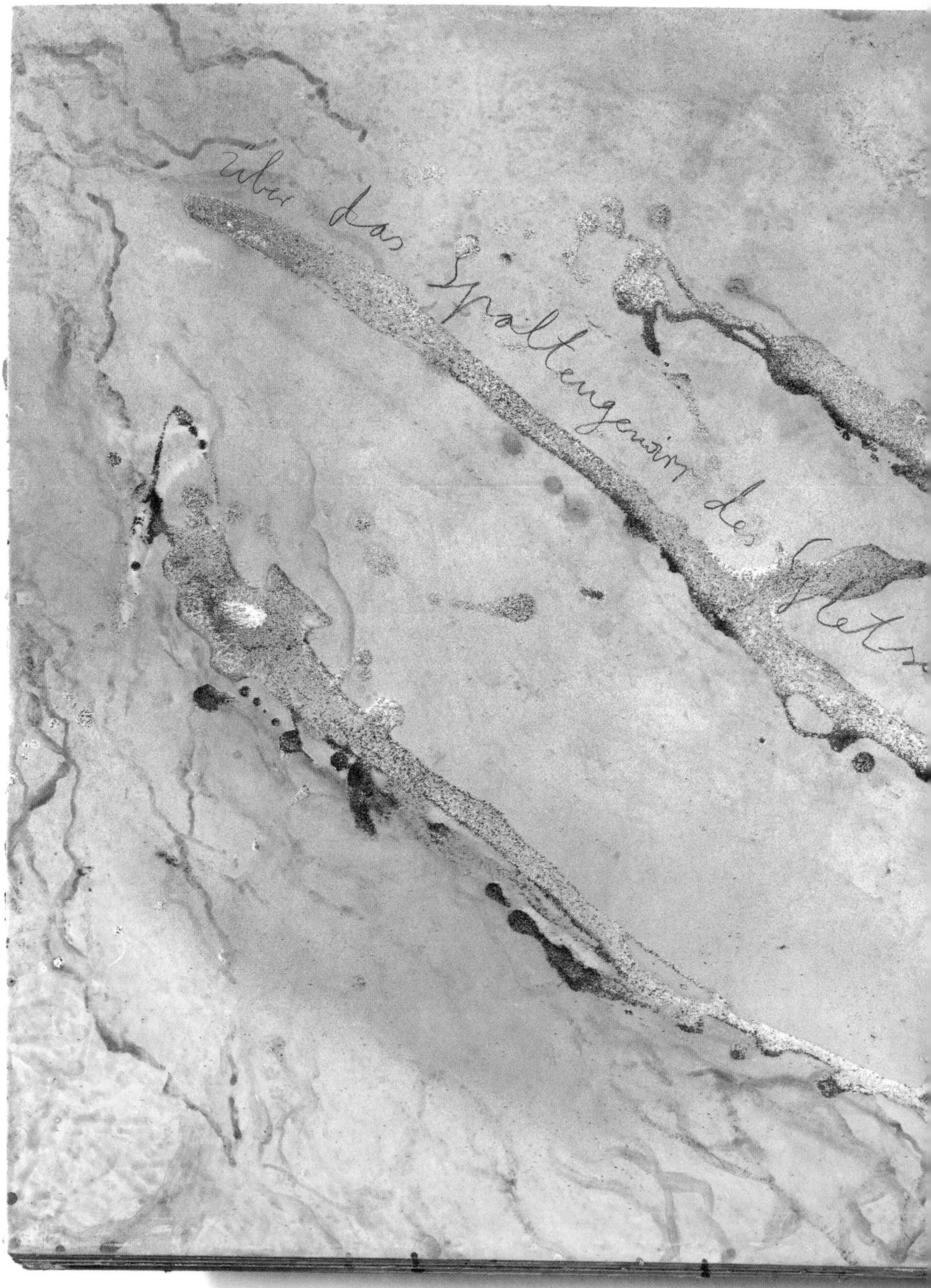
über das Spaltengewirr des

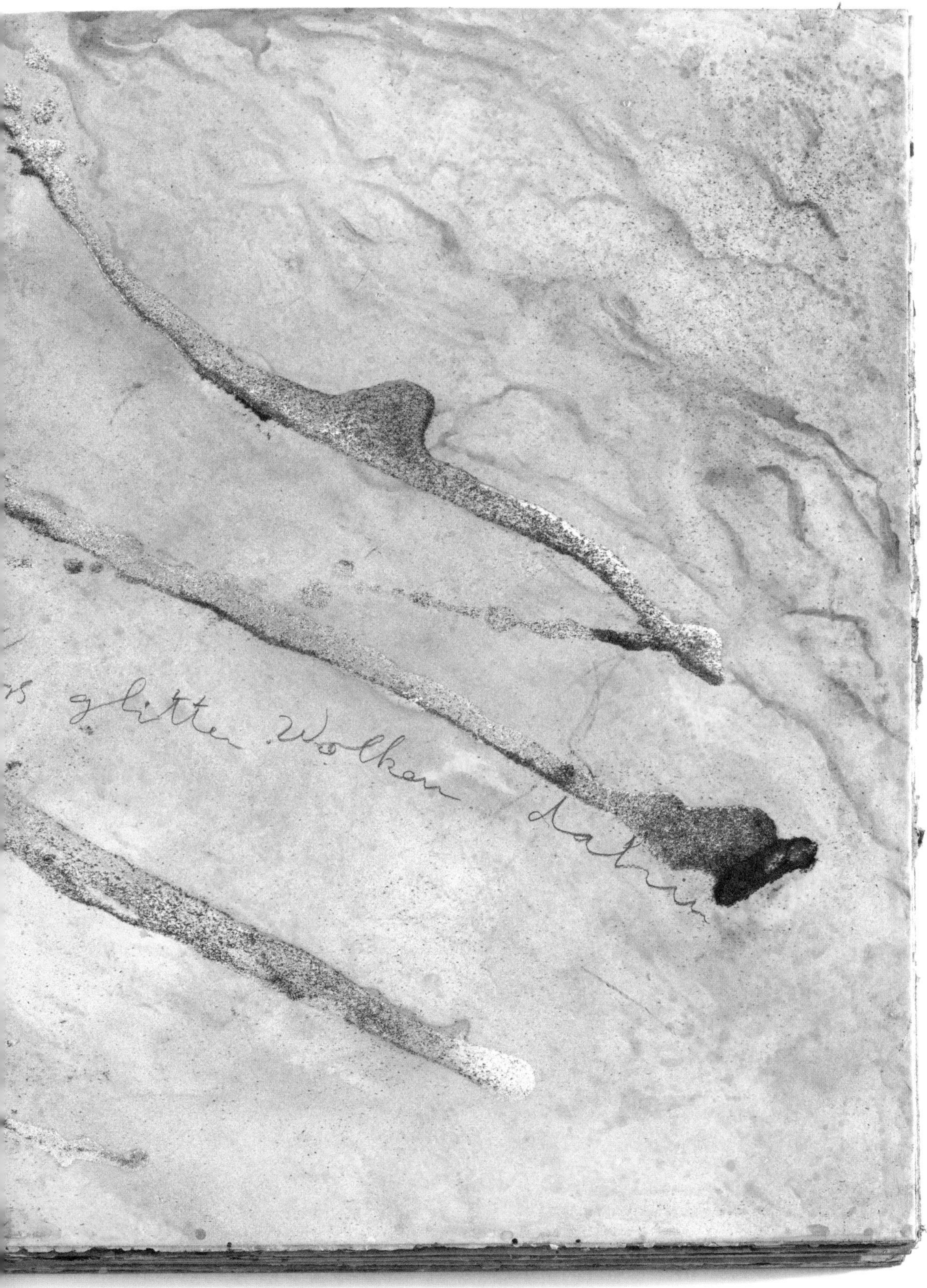
glitten Wolken dahin

Hier erschien uns die Vertikale,
ein Weg durch

Weg ins Gebirge zum ersten Mal als
die Zeit

durch seidig schimmernde

arrieren weiter in den blendenden
es überstrahlenden Glanz des Eises

himmelhoch hinaus über alle

ganische Pracht

denn so leuchtend, so leer und
der Eisregion – wie dort oben war die Welt
sondern würde sie nach Ablauf
eine Welt oh

on allem Leben entblößt wie in
cht nur schon einmal gewesen
ßbarer Fristen auch wieder werden
e uns

aus der prunke

den Vegetation

mit ihrem Über
ins Grün gesprengten Farben
und

Düften

Jägerin im Sonnenbad

Dieser schmale Sonnenfleck
zwischen der vierten und fünften
Säule der Tempelruine
dort auf dem Strandhügel,

dieser eine von so vielen
Sonnenflecken zwischen Säulen,
die kein Dach mehr tragen, kein Fries,
nur noch den leeren Himmel,

muß allein für diese schwarzfellige,
von einem einzigen weißen Stern
an der Brust geschmückte Katze
bestimmt sein.

Sie setzt ihre Pfoten
auf den Sonnenplatz und nimmt
so selbstverständlich Besitz von ihm,
als sei ihr dieser Ort
von einem Gott oder
einem anderen Allmächtigen bestimmt,
der keine Zweifel und Fragen duldet,

kippt in eine graziöse Seitenlage
und liegt schließlich eingerollt,
wie auf einem mit Wildleder
oder Rohseide bezogenen Diwan
(und nicht bloß auf brüchigem Marmor),

als wollte sie beiläufig vorführen,
nein: vor*spielen*, daß selbst
der unbeugsame Wille
einer in diesem Tempel
vor mehr als zweitausend Jahren
angebeteten Übermacht
ihrem Eigensinn bestenfalls ebenbürtig sei.

Auch die Sonne, die jede einzelne
der vom Verfall auf unterschiedliche Längen
gekürzten Säulen schattenlos
und aller vermeintlichen Beständigkeit
entblößt dastehen läßt,
scheint ihr Feuer allein für
die in ihren Lichtwellen Badende
entfacht zu haben.

Der Mieze, Schwimmerin im Licht,
sind aber Gott oder Sonne
und Wellenlängen egal.
Sie leckt ihre Pfoten.

Lang war die vergangene Nacht
und die Beute mager:
Eine winzige Ährenmaus
und eine eben erst dem
Kindsnest entflatterte Nachtigall,
die unter Krallen und Fangzähnen
keine Zeit mehr fand, den ersten
Gesang ihres Lebens anzustimmen,

zwei, drei gellende Schreckenslaute
anstatt der dahinjagenden

Tonfolgen ihrer Art. Dann Stille.
Das war alles.
Von der Jägerin kam kein Laut.

Jetzt ist sie müde.
Jeden Nachmittag, naja:
fast jeden Nachmittag, wenn die Sonne
einen den Wünschen der Jägerin
entsprechenden Stand erreicht,
streift sie um den verfallenen Tempel
(Beute findet sich schließlich
auch in ruinierten Gotteshäusern)

und schläft einmal auf dieser,
dann auf einer anderen Lichtinsel,
schlägt aber gelegentlich
und selbst aus dem
vermeintlichen Tiefschlaf
nach vorübergaukelnden Faltern,
noch öfter nach wilden Bienen.

Mit der Dämmerung,
spätestens zum Anbruch der Nacht,
wechselt sie Orte und Zeiten:
von Sofas, von Kissen
oder auch dem Schoß
einer von ihr bezauberten Weißnäherin,
die in einem Steinhaus am Strand wohnt,
in die Wildnis,
in einen sternenlosen Olivenhain,
in eine verlassene,
von Dornsträuchern und Rosmarin
eroberte Ölmühle.

Dort wird sie wieder zu dem,
was sie und ihresgleichen
lange vor der Erfindung
von Sofas, Kissen, Tempeln
und Ölmühlen waren:
eine Jägerin, die den Luxus
eines Salons oder hochflorigen Teppichs
schnurrend genießen kann,
ihn zum Leben aber nicht braucht.
Jederzeit und mühelos
ist sie mit einem einzigen Sprung imstande,
zurückzukehren in ein Leben
ohne Häuser und Menschen.

Daß sie jetzt ihre Pfoten leckt,
ist Schönheitspflege und dient allein
dem mattschwarzen Glanz ihres Fells,
denn die erste Reinigung vom Blut
oder der Krätze ihrer Opfer
geschah unmittelbar nach der Jagd
und noch in tiefer Dunkelheit.

Sie hat Vogel und Ährenmaus
wie jedes andere ihrer Opfer
mit einem Sprung, einem Krallenhieb
und Biß zwar zur Beute gemacht,
nicht aber getötet, noch nicht,
sondern die Erjagten
bloß am Entkommen gehindert,
um sie wieder und wieder
in die vermeintliche Rettung zu entlassen –

ins Versteck des zusammengefalteten
Sonnensegels eines Archäologen,
in den Schuttkegel von mit Nummern versehenen
Trümmern eines Tempelfrieses
oder unter den Schirm
einer über Steinrissen blühenden Alraune.

Aber aus jeder Zuflucht
wurde die Beute speichelnass
von den Bissen der Jägerin
wieder zurückgetragen an den Anfang
der nächsten Wiederholung.

Ein grausames Spiel?
Das war niemals Spiel,
sondern das Studium
aller Fähigkeiten der Beute,
um auf die nächste Pirsch
ziel- und schlagsicherer vorbereitet zu sein.
Jagdtechniken wurden schließlich
nicht nur in der Wildnis,
sondern auch in Salons
geübt und wieder geübt.

Und wenn es am Ende
tatsächlich ans Töten ging –
wer konnte dann schneller sein
als diese Jägerin in der Sonne?
Ein Pfotenhieb, in seinem Bewegungsmuster
vom Prankenschlag eines Leoparden
nicht unterscheidbar,
ein Biß ins Genick.
Atemlosigkeit.

Am Spiel ihrer Ohren
ist jetzt zu erkennen,
daß Schritte sich nähern.
Kein Grund zur Furcht
oder zur Flucht.

Sie ist mit dem, der da kommt,
vertrauter als der mit sich selbst.
Sie kennt den Klang seiner Schuhe,
selbst seiner nackten Sohlen,
spürt die Luftwirbel, die ihm voranhuschen,
kann den Tonfall seiner Worte deuten
und weiß stets, bevor sie ihn sieht,
ob ihn etwas bedrückt
oder ob sein Tag ein Triumph war.

Er ist der Herr über diesen Tempel,
Herr über die gewundenen Ornamente,
die das Bild eines Gartens umschlingen
im zersprungenen Mosaikboden,

einem aus Abertausenden Steinen
in neun Farben zusammengefügten Puzzle
des Paradieses,
das er mit seinen Gehilfen
in monatelanger Grabarbeit
Schicht um Schicht freigelegt
und dann unzählige,
von den Erschütterungen der Zeit
verstreute Teile wieder
an ihren alten Platz gelegt hat.

So zeigte sich zu seinen Füßen
allmählich das Bild
einer paradiesischen Residenz –
Wasserspiele, Palmen, Blüten und Sterne –,
in der nur eine Göttin wohnen durfte.

Aber selbst ein Herr,
der vergessenen Göttern
aus Trümmern Wohnungen schafft,
hat der Jägerin nichts zu sagen.

Wie schläfrig sie zu ihm aufblickt,
als er vor ihr stehenbleibt und
mit einer seltsam hohen, kindischen Stimme
Koseworte zu flüstern beginnt,
auch blödsinniges,
vor Entzücken wirres Zeug.
Er streckt seinen Arm aus,
als wollte er nach dem weißen Stern
im nachtschwarzen Pelz greifen.

Er wurde an diesem Tag
von höchster Stelle gelobt,
einen *Meister* hat ihn
ein Redner im Frack genannt
und ihm für die Entdeckung
eines noch nie gesehenen Rosenmotivs
im Mosaikboden des Tempels
einen Orden überreicht.

In diesem Augenblick aber
zwingt ihn die Jägerin,
die ihn unverwandt anblickt
und sich nicht erhebt und ihm
mit keiner Bewegung entgegenkommt
(das Ohrenspiel mußte wohl reichen),
ihren Willen auf.

Also macht der Meister sich klein,
wiederholt die Litanei seiner Koseworte,
wiederholt auch unsinniges Zeug
und sinkt, den Arm ausgestreckt,
flüsternd vor ihr auf die Knie.

Ballade vom wehrhaften Experten

Ihm macht keiner was vor,
ausgerechnet ihm, dem Experten für Fluchtwege
kann keiner kommen und sagen:
Glück gehabt, das war knapp.

Blödes Gerede.
Wege aller Längen und Steilheitsgrade,
auf denen einer nur mit knapper Not
davonkommt,
haben ihren Preis und müssen
mit bloß einem Hauch weniger als dem Leben
bezahlt werden.

Dabei haben Fluchtwege,
wie jeder andere Weg auch,
immer zwei Richtungen
(zumindest im Kopf):
Wo geflohen wird,
wird auch verfolgt.

Was alles, nur zum Beispiel,
hat nicht auch schon vor ihm,
dem Experten, die Flucht ergriffen,
was alles ist vor ihm nicht schon
davongerannt.

Und das waren nicht bloß Feinde,
denn daß die rennen mußten,
wenn er sich empörte,
war ja klar.
Und klar auch, daß keinem von ihnen
jemals ein anderer Ausweg
geblieben wäre als die Flucht.

Den schnellen Rückzug mußten gelegentlich
sogar flüchtige und weniger flüchtige
Bekannte antreten, weil sich schon
im Verlauf einer bloßen Plauderei herausstellte:
Nichts, rein gar nichts, verbindet uns.

Und Fersengeld gaben irgendwann selbst
die stolzen Besitzer von Prügeln,
die mit ihrem Holz nichts Besseres
anzufangen wußten,
als es einem Experten in den Weg zu legen,
Prügel für Prügel in den Weg,
bis sie dann, in jähem Erschrecken
über seine Leidenschaft und seine Kraft
selber alle Mühe hatten,
auf der überhasteten Flucht vor ihm
nicht über das eigene Holz zu stolpern.

Aber wer wüßte besser als er,
wie oft er selber schon fliehen mußte,
nicht vor Idioten oder blutgierigen Barbaren,
aber vor Steinschlägen, Lawinen, Hirtenhunden
oder einfach dem Abgrund,
gelegentlich (wie so viele seiner Zeitgenossen)
auch vor Soldaten und Grenzpolizisten.

Aber statistisch betrachtet, war es er,
der Experte, der viel öfter, als er die Flucht ergriff,
nachjagte, verfolgte
und auf der Spur war –
nicht auf jener der Widersacher,
die waren ja manchmal bereits verschwunden,
noch bevor er sich zur Verfolgung entschloß,

sondern es waren seine eigenen Ziele,
die zurückwichen vor ihm: der Horizont,
ein gleißender Grat, ein Gipfel und noch einer,
eine Insel im Südpazifik
oder bloß eine vergeblich gesuchte Adresse
in einem namenlosen Vorort.

Ziele in langer Prozession, eines nach dem anderen,
ergriffen vor ihm und seinen schwindenden Kräften,
seiner Erschöpfung oder auch seiner Verzagtheit
die Flucht.

Denn wie weit, unendlich weit,
ist selbst ein Gipfel in Sichtweite, ja Rufweite,
ein Gipfel zum Greifen nah!,
entfernt für einen,
der mit schwindender Kraft auf ihn zusteigt.

Und wie unerreichbar
erscheint der Horizont für einen,
der sich ihm durch knietiefen Sand,
hüfthohen Schnee oder von Weißwasser
überschäumtes Geröll und Eisscherben
entgegenkämpft

und der selbst nach Stunden, Tagen der Qual
immer nur diese Schneide sieht,
diese verfluchte, schartige Schneide,
die den Himmel von der Wüste,
den Himmel vom Eis, den Himmel
von einer menschenleeren,
gleichgültigen Erde trennt.

Als Experte für Fluchten in alle Richtungen
sagt er (wenn er danach gefragt wird):
Der erste Weg,
den einer noch im Schlaf finden muß,
ist der Fluchtweg.

Und er sagt gleich dazu,
daß es selten geschieht, sehr selten,
so gut wie nie nämlich,

daß ein Ziel oder der Horizont
nicht verfolgt werden muß,
sondern auf einen zukommt,
ja, einem entgegengeht.

Wie viele zurückweichende Ziele
mußte er verfolgen,
wie vielen Horizonten nachlaufen,
bis er endlich diese größer
und größer werdenden Punkte entdeckte,

waren das Flughunde? Raubtiere? Krieger?
Das mußten Menschen sein!,
Menschen, die trotz der flimmernden Luft
langsam, dann untrüglich Gestalt annahmen,
und er seine lachenden Liebsten
und Allerliebsten erkannte.

Und wieviel Zeit mußte vergehen,
bis ihm klar wurde, daß jetzt
weder geflohen noch verfolgt werden mußte,
sondern nur Eines zu tun blieb: zu warten,
einfach zu bleiben, wo er gerade war.

Ach ja, auch der Gedanke kam ihm so schnell
wie sonst nur der an die Flucht,
ach ja, vielleicht sollte er jetzt,
in diesem ruhigen Stillstand,
seine Arme ausbreiten
in der seltsam betörenden Gewißheit,

daß das nächstbeste Wort für alles, was ihm
in den folgenden Herzschlägen bevorstand,
Glück war,
genau, so hieß das Wort.

Am Rand

Am Rand zu stehen,
müde oder erschöpft,
ein bißchen zittrig vielleicht –
und in die Tiefe zu blicken,
hinab zu den Wolken,
die dort unten,
so schwindelerregend tief unter uns
dahinziehen, dahinjagen
mit unbekannter Geschwindigkeit
und getrieben von einem Wind,
dessen Stärke
wir bestenfalls ahnen.

Zu stehen und zu stehen
und daran zu denken,
was wohl geschähe mit uns,
unserem Körper,
wenn wir die Arme ausbreiteten
und uns von diesem Rand lösten,
wie ein Vogel sich von einem Zweig,
einem Sims, einer Antenne löst,

um dann aber nicht zu fliegen,
sondern zu fallen,
zu trudeln, zu stürzen,
in diese Tiefe hinab
und irgendwann
ein ganzes Wolkengebirge
zu durchschlagen.

Eben noch am Rand
gestanden,
dann aber
aus allen Wolken
gefallen zu sein
und weiter,
tiefer hinab,

bis zum Aufschlag
auf einem Dach,
dem Straßenpflaster,
dem steinharten Meer
oder irgendwo im Gebirge.

Was wäre von uns
noch zu finden?
Wie lange müßte man nach uns
oder wenigstens unseren nassen,
zerschmetterten Teilen suchen?

Am Rand zu stehen
und diesen seltenen,
unwiederholbaren Fall
bloß zu denken,
aber ohne Schwindel
und ohne Angst,
weil

wo wir stehen und stehen
nur der Rand einer Pfütze
unter unseren Sohlen knirscht,
einer flachen,
lehmigen Pfütze,
in der sich
etwas vom Himmel spiegelt:
nicht das Blau,
auch keine Sterne,
nur einige in Unordnung
geratene Wolken.

Am Rand
von Christoph Ransmayr

Am Rand zu stehen, an irgendein

der vielen Ränder der Erdkruste

vom leichten Schwindel erfaßt
hinab zu der Wolke die dort um

die Tiefe zu blicken

was wohl geschähe mit uns, unserem

Kopf, unserem) Körper

am Rand zu stehen
wo nur

und einer Pfütze war

und dann aber nicht zu fliegen

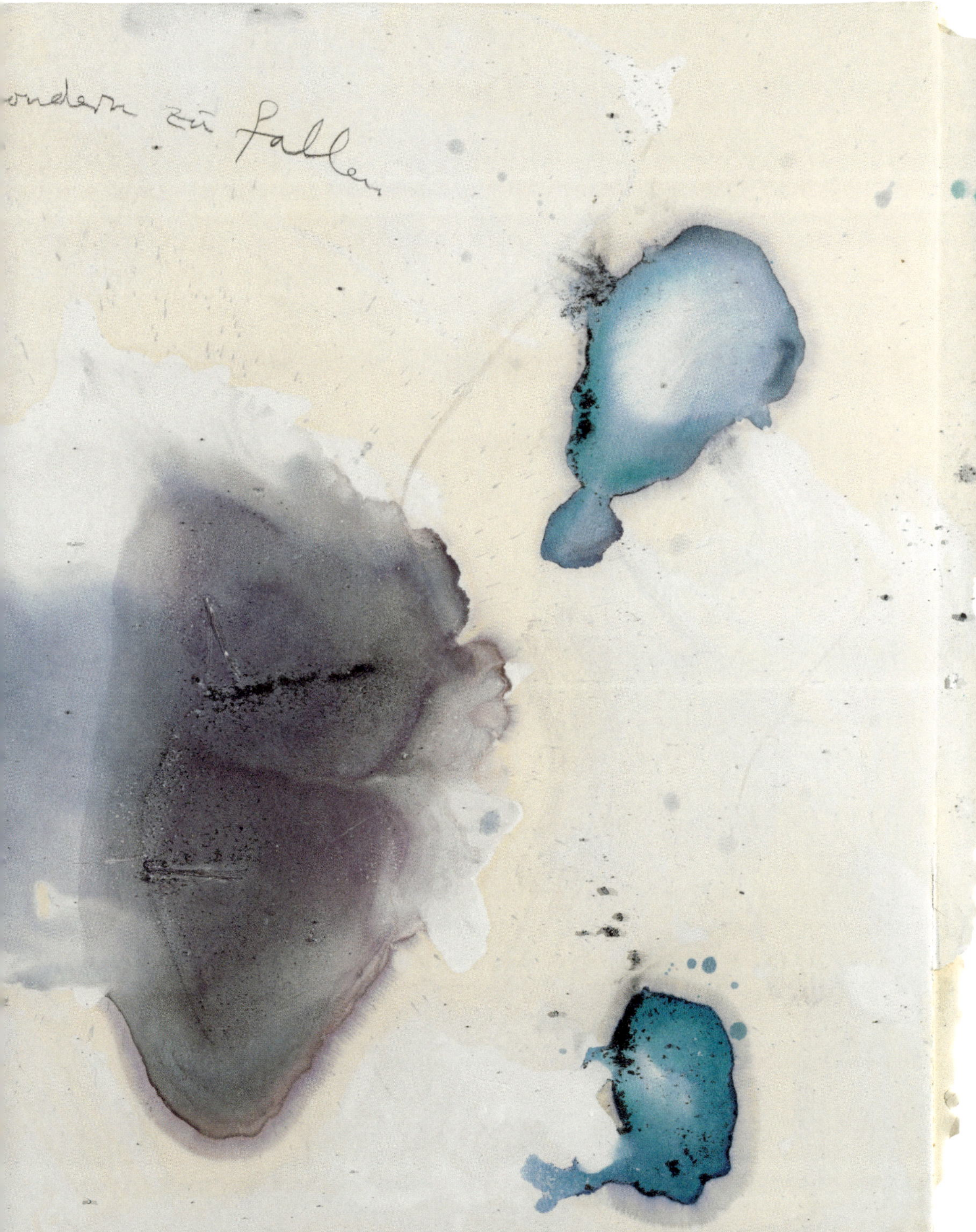
ondern zu fallen

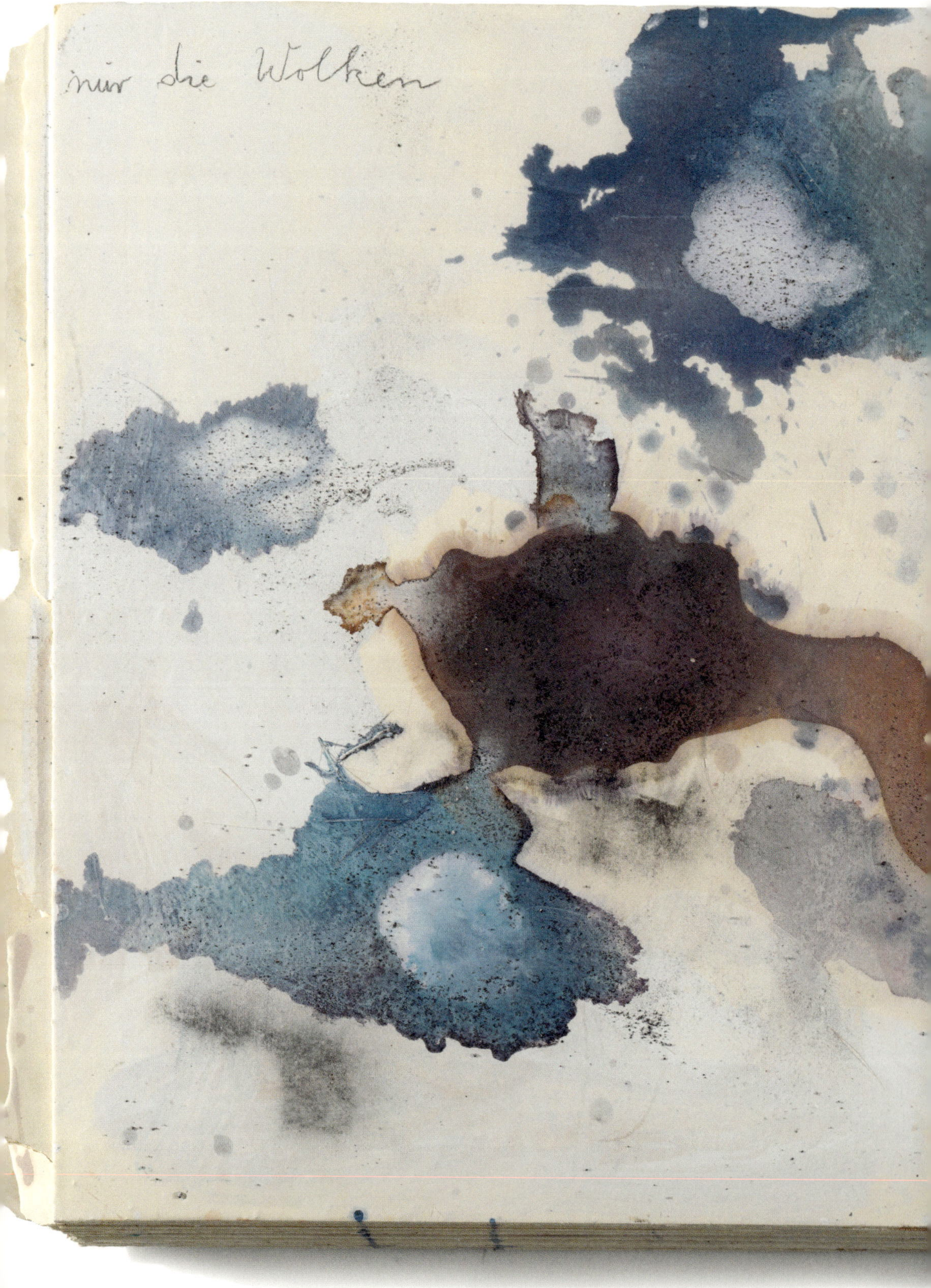
nur die Wolken

was wäre von uns wohl noch zu finden ?

Tornado

Wie federleicht und farbenfroh
diese schnellen, raschelnden Wirbel
an einem Donnerstag im Oktober
vor uns aufsteigen!
Nur Übelgelaunte verunglimpfen sie
als *Staubteufel* oder *Windhosen.*
(Als ob zu einer Hose eine
einzige Röhre reichte und ein Teufel
sich mit Staub begnügte.)

Nicht anders als die Windgeister
aus einem Märchen unserer Kindheit
schrauben sie sich
an diesem wechselnd bewölkten Herbsttag
aus Alleen und Lichtungen,
von Bahnhofsplätzen, braunen Wiesen
oder Brachen und Straßen empor.

In Kostümen zusammengeflickt
aus Papiertaschentüchern,
zerknüllten Quittungen, Fahrscheinen,
Zeitungsfetzen und
leeren Zigarettenschachteln,
vor allem aber Laub
werden diese ansonsten
unsichtbaren Geister
auch für uns plötzlich sichtbar

und winden aus Birkenblättern
in schönstem Safrangelb,
dem Laub von Blutbuchen, Pappeln
und Ginkgos, Platanen
und fliegendem Abfall
rotierende Kränze.

In vielfarbigen Spiralen
steigen sie turmhoch hinaus
über Dächer, Antennen und kahle Bäume,

als sollte eine erkaltende Erde,
mit allen Schattierungen
des Welkens, Vertrocknens, Verdorrens
ans atmosphärische Blau
geschraubt werden,
um Himmel und Erde endlich
dauerhaft miteinander zu verbinden

oder um vorzuführen,
daß alle Pracht
und aller Formenreichtum
der aus subatomaren Bausteinen
zusammengefügten organischen
und anorganischen Materie
nicht erst durch Mikroskope
und Teleskope zu bestaunen ist,
sondern schon mit dem bloßen Auge
(das in den Staubwolken zu tränen beginnt).

Aber auch dieser thermische Tanz
kann nicht darüber hinwegtäuschen,
daß aller hochgetragener Abfall
aus dem zivilisatorischen oder
jahreszeitlichen Drama
mit dem Nachlassen des Auftriebs,
Stück für Stück und Blatt für Blatt,
wieder zurückschneien, zurückhageln
wird auf das leergefegte Land.
(Wann wäre schließlich
etwas im bloßen Aufsteigen und Fallen
für immer verschwunden?)

Diese dahin und dorthin
wirbelnden Geister rufen
manchmal vergessene Reime
in uns wach, an die wir uns
mit Wehmut erinnern,
während die Böen uns das Haar zerraufen
oder unsere Hüte und Schals
über Brückengeländer davon
und in die Tiefe tragen:
Wind! Wind, himmlisches Kind!

Mit den sturmerprobten unserer Kinder
erwarten wir Jahr für Jahr ungeduldig
die Ankunft dieses Himmelsboten
und auf die Gelegenheit,
geschwänzte Drachen aus Seide und Papier
steigen zu lassen
und an zum Zerreißen gespannten Schnüren
dem Orgeln und allen Tonarten
eines aufkommenden Sturms zu lauschen.

Aber neuerdings, so sehen
wir auf Bildschirmen
und Titelblättern, neuerdings
kehren diese ehemals heiteren Wirbel
zwar wie gewohnt jährlich wieder,
nehmen dabei aber an Größe zu
und heben nun nicht bloß Laub und
Papierknäuel, sondern auch
größere Gebinde vom kalten Boden auf,
halbleere Plastikflaschen, hohle Blechdosen,
ranzige Milchpackungen und Müllsäcke,

sogar Glasflaschen!,
die raketengleich hochschießen,
nach einem kurzen Sturzflug
zu einem Scherbenhagel zerspringen
oder uns als feindliche Geschoße
entgegenschwirren und uns in Deckung jagen,
wenn wir nicht unser Augenlicht
verlieren oder unsere Gesichter
von Schnittwunden schraffiert
im Spiegel einer Notarztpraxis
betrachten wollen.

Ach, und jetzt
zeigt sich mit der Unaufhaltsamkeit
einer auftauchenden Gewitterfront
ein Wirbel von nie gesehener Größe
am Horizont und tanzt heulend auf uns zu,
ein eisengrauer Trichter, der sich
nicht zu den Wolken empor,
sondern aus Himmelshöhen
zu uns herabschraubt,

einem Rüssel ähnlich,
der in der regennassen Tiefe
nach Opfern schnüffelt.

Wo er den Boden berührt,
beginnt sich das Erschnüffelte
nicht mehr bloß zu drehen,
sondern aus seinen Verwurzelungen
und Verankerungen zu lösen,
nein: lozureißen!
Starkstrommasten, Straßenlaternen, Bäume!

Zwei Stück Fleckvieh
fliegen durch die Luft,
dann ein Tanklaster voll Treibstoff, der,
gegen einen Wasserturm geschleudert,
im Funkenregen
eines berstenden Transformators
zur Bombe wird.

Ein Fachwerkhaus
(erbaut im dreizehnten Jahrhundert),
dessen Bewohner sich in den Keller
geflüchtet haben,
beginnt nach so vielen Jahren
eines ortsfesten Daseins zu fliegen:
Leitungsrohre, gerissene Kabel
und Seile winken dem krachend
davonsegelnden Haus nach
und sinken zurück
gleich den durchtrennten Adern
und Muskelsträngen
eines auf dem Schlachtfeld
verstümmelten Kriegers.

Allein die mit Balken verriegelte
Tür hinab in den Keller
hält dem Winddruck immer noch stand,
und so können die Schutzsuchenden,
die dort in der heulenden,
dröhnenden Finsternis
betend und schluchzend
um ihr Leben fürchten,
nicht sehen,

daß in dem gigantischen Rüssel
des Tornados – richtig: *Tornados*
werden diese Winde neuerdings genannt,
die nur Trümmer und Scherben
aufschwirren lassen und sich rasend
weiter und schon der nächsten,
gerade noch heilen Welt entgegendrehen –

auch die schönsten Blätter
in allen Farben davonwirbeln.
Was für eine Pracht:
Birkenlaub in leuchtendem Safrangelb,
rotierende, himbeerrote Kränze
aus Ahorn und Lindenlaub,
Rotbuchenblätter in der dunklen Farbe
getrockneten Blutes.

Da und dort in diesem Reigen
glitzern sogar Aluminiumbänder,
auch Silberpapier und das metallische
Innenfutter leerer Bonbonnieren,
als wirbelte aus dem zerrissenen Himmel
dieses für die Jahreszeit
viel zu milden, blauen Herbsttags
schon der erste Schnee.

Činggis Qaan
oder
Das Blau des Himmels

Ach, wie ermüdend:
immer bloß nach oben starren,
die Arme oder gefalteten Hände
zum Himmel gereckt,
zu beten und singen und glauben,
daß irgendwo dort oben verborgen,
in der Leere oder im Wolkenlabyrinth

einer wohne, ach was, nicht nur einer,
ein ganzes Heer! wohne,
Sturmscharen von Göttern,
Schutzgeistern, Engeln, Dämonen
und ein Erdenmensch

sich nur die Augen
aus dem Kopf starren müßte,
sich nur die Stimme, die Seele
aus dem Leib schreien,
damit der eine oder andere
dieser Überirdischen in der Höhe,
in den Rauchschleiern brennender Opfer
oder über glitzernden, Altäre umfließenden
Strömen von Blut,

erscheine!, sich endlich zeige
und uns den einen oder anderen Wunsch
gnadenhalber erfülle –
uns einen kleinen Sieg
auf irgendeinem sumpfigen Schlachtfeld
zukommen ließe
oder auch eine Frau, einen guten Mann,
jedenfalls zwei, drei Kinder,
allesamt natürlich gesund
wie wir selber
und schön,

und uns dazu gleich auch noch
eine kleine, nein, besser: größere Herde
zum Geschenk mache,
wogende Weiden, fette Sommerwiesen
(oder wenigstens eine Eigentumswohnung
samt inflationsresistent verzinstem Vermögen,
verwaltet von einer Bank
so sicher und uneinnehmbar
wie die Fata Morgana am Horizont).

Und dann, selbstverständlich!, nach der Erfüllung
solcher und ähnlicher Wünsche,
gleich nochmal auf die Knie
und gebetet, gesungen, gedankt:
Danke, herzlichen Dank,
Ihr Guten dort oben,
für Eure überirdische Freundlichkeit,
vielen und herzlichen Dank,
bis zum nächsten Mal!

Was für ein Unsinn das alles.
Was für eine Fehleinschätzung
der Gnade von Göttern:
Unsinn, alles Unsinn!,
so viel wußte schon Čingqis Qaan,
der gnadenloseste aller mongolischen Reiter
und mächtige Wünscher und Wunscherfüller,
wenn er auf kostbaren Pferden
gemeinsam mit den zielsichersten Bogenschützen
seiner Zeit über Steppen und Weiden dahinflog

und die Grenzen seines Reiches
aus eigenem Furor in alle Windrichtungen
und bis an den Horizont davonrollen ließ
gleich einer Welle,
die sich um den in spiegelglattes Wasser
geschleuderten Stein ausbreitet
und dabei einen größer und größer,
immer größer werdenden,
zitternden Kreis beschreibt.

Čingqis Qaan, unser Mann!,
der wußte nicht bloß
etwas vom Wünschen, von maßloser Weite
und davon, wie man dem Endlosen
ohne göttlichen Rückenwind nachjagt
in der Art unbändiger Herden,
die dem Grün hinterherstampfen
im Rhythmus der Jahreszeit,
immer dem sich ständig erneuernden,
wilden, brüllenden Leben nach.

Noch der scheueste, neueste
und ahnungsloseste Rekrut
aus den Heeren des Qaans
hatte keinen Zweifel daran,
daß hier unten, auf smaragdgrünen
wie auf verdorrenden Auen
oder stinkenden Schlachtfeldern
sich genug Beute findet,
sich sterbend windet oder einfach daliegt,
atemlos, blicklos, still,

genug Sklaven, Stiere, Milchkühe,
Kinder, schöne Frauen, Krieger,
jede Menge Freunde und Feinde
aller Größen, Farben und Formen,

und er wußte auch,
daß einer bloß den Kopf
in den Nacken zu legen brauchte,
um die Gottheit zu sehen,
den immerwährenden Himmel,
der sich da und dort
manchmal nachlässig schmückte
mit ein paar Wolken.

Denn der Blick empor ins Blaue
war und blieb für Čingis Qaan
und die Seinen alles, was es zu sehen gab.
Die betörende Leere über den Weiten
zeigte das einzige und wahre Gesicht
und die einzige, wahre Gestalt
des allgegenwärtigen Alleserschaffers
und Alleszerstörers.

Er allein konnte
in seinem gestaltlosen Blau
die Nacht zum Verschwinden bringen,
selbst den Mond und die Sterne
und schlang alles, einfach alles
in sich hinein:

Meere, Wüsten, Gebirge,
die Sonne, die Vögel, Wolken und Schnee,
um nach unkalkulierbaren Fristen
und ganz nach seinen Launen
in einem endlosen Spiel

alles, alles wieder auszuspeien
und aus dem Zenit herabregnen zu lassen
auf die über Steppen, Weiden und Wüsten
sprengenden, unbesiegbaren Reiter des Qaans,
auf seine vom Himmel geliebten,
mordenden Kinder.

Činggis Quan
das Blau des Himmels
von Christoph Ransmayer

Ein Sprachspie

und nichts anderes

Denn der Blick empor in
alles was es

laue war und blieb für
u sehen gab

daß oben, ganz oben, nur
nur die Leere, da

altlosigkeit herrschen konnte.
Blau.

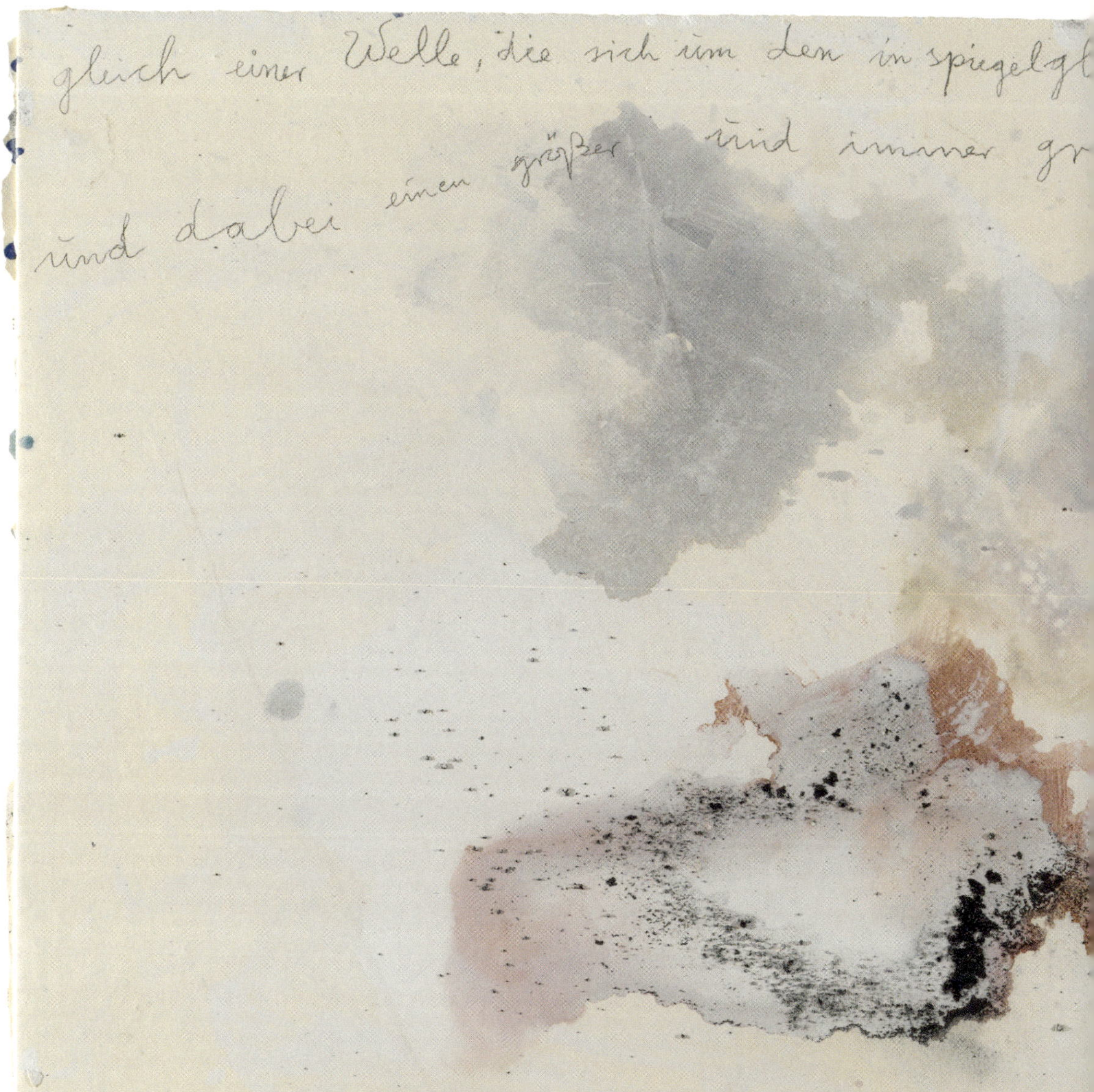
gleich einer Welle, die sich um den in spiegelgl
und dabei einen größer und immer gr

Wasser geschleuderten Stein ausbreitet
werdenden zitternden Kreis
beschreibt

und die Grenzen seines Reiches

aus eigenem Feuer in alle Himmelsr

ungen und bis an den Horizont

Sturmscharen von Göttern, Schutzgeist
und ein Erdenmensc

Engeln, Dämonen

Ruhestätte, unauffindbar

Ungefähr dort,
sagt einer, der es wissen muß,
und zeigt hoch hinauf,
dort, richtig, links unterhalb
dieses Schneefeldes in der Form
eines …, sagen wir:
sinkenden Schiffes,
um dessen Bug zu allen Jahreszeiten
Zedernwald rauscht,
dort sei das Heldengrab zu finden:
eine Säule aus schwarzem Marmor,
eine behauene Grabplatte,
aus schwarzem Marmor auch sie.

Er habe, sagt der, der es wissen muß,
dieses Grabmal selbst gesehen zu einer Zeit,
zu der ihm seine Kräfte den Weg
in die Höhe noch ohne Qualen erlaubten.

Dort oben? Tatsächlich?
So hoch über dem Ionischen Meer?
So hoch, richtig.
Denn der in die Unterwelt verreiste Held
sollte schließlich im Leben wie im Tod
den Rest der Welt himmelhoch überragen.

Also macht sich, wer immer diesen einen,
der es wissen muß, gefragt hat,
auf die Suche
und sieht bald, wie Messeniens Küste
die Überfülle ihrer Olivenhaine und Gärten

den Höhen des Taygetos entgegenstemmt,
eine Gabe, dargebracht auf verschleierten Gipfeln
trauernden Göttern,
die ihren lange unentschiedenen Kampf
gegen die Idole der Christenheit
am Ende doch verloren.

Selbst ein unsterblicher Menschenfreund
wie Apoll und sein unbesiegbarer Vater,
waren dabei in den Staub getreten worden,
aus dem sie, überwältigt
von einem Propheten namens Elias
und seinem Kumpan Nikolaus,
nur noch Schatten, aber keine
Blitze mehr schleudern konnten.

Dicht an dem Trauer tragenden Himmel,
dort, wo selbst härtestes, felsiges Land
im Äther verraucht,
tropfen von in den Fels gekrallten
Kartoffelbäumen im Takt
eines rätselhaften Herzschlags
Blüten in Goldgelb und Violett
zur roten Erde hinab,

von Sonne, Wind und Tau
getränkte Blüten, ganz so,
als ob ein vielarmiges,
von jahrtausendelanger Betrachtung
des menschlichen Dramas
erschöpftes Wesen aus unzerstörbarem Holz
seinen lange getragenen Schmuck
enttäuscht ablegen wollte,

um sich endlich zurückzuziehen
ins Silbergrün verwilderter Olivenhaine,
ins Distelgeflecht und in uralte Baumkronen,
an denen seit den Zeiten der Clans
von Odysseus oder Achill
nicht mehr gerüttelt, nicht mehr geschnitten
und nicht mehr geerntet wurde.

Auch das gewöhnlichste Dickicht
durfte sich dort oben
nach der Zerstörung ferner, feindlicher Städte
endlich wieder unbehelligt
an die Stämme schmiegen und
sein Strickwerk von Baum zu Baum knüpfen,
als gelte es eine Weberin nachzuahmen,
die einen Teppich ins Endlose entrollt.

Alljährlich, hatte der, der es wissen muß,
gesagt: verlören in dieser Bergwildnis
die Blüten des Kartoffelbaumes
zur Erinnerung an Ströme
von Tränen und Blut
ihr Goldgelb und ihr Violett
und lägen am Ende wie

im hilflosen Strampeln erstarrte Käfer
auf einer nur noch vom Schatten
der Dornen gemusterten Erde.

Aber wie soll einer,
der diese Höhen betritt, erkennen,
daß im besonderen Schatten
eines besonderen Baumes
ein Held von Troja begraben wurde?

Nach Wasser und Wind
haben die Hufe von längst geschlachtetem
Almvieh und längst vergessene Hirten,
die den schwarzen Stein des Grabmals
für ihre Unterstände und Einfriedungen
gut brauchen konnten,
diese Bastion der Sterblichkeit
zu einem leeren Stück roter Erde gemacht,

einem namenlosen, ja friedlichen Ort,
an dem wohl selbst ein in königlichen
oder in Liebesdiensten gefallener
Eroberer doch gewiß sanfter
und unbeschwerter ruhen sollte

als ein kniefällig Verehrter
unter dem Gewicht schwarzen Marmors,
in den ein gehorsamer Steinmetz
das von Erosionskräften
in die Unleserlichkeit gewischte
Versprechen schlagen mußte:

der hier begrabene
und so hoch über dem Meer
seine Sterblichkeit tarnende Held
bleibe bis ans Ende der Zeit
ein Liebling der Götter.

Unter einem Zuckerhimmel

Wir spielen
unter einem Zuckerhimmel
Krieg,

nennen flackernde
Strohfeuer
Ewigkeit

und jede Katastrophe
einen Sieg.

Was immer auf uns niederfährt:
Wir nehmen es gelassen,
heiter

und spielen
und spielen weiter
unter einem Zuckerhimmel Krieg.

Christoph :
Unter einem Zuckerhimmel

wir spielen unter einem Zuckerhimmel

Krieg
aufflammende Stroh

Ewigkeit

und jeden Schicksalsschlag einem

was immer

uns niederfällt wir →

nehmen es gelassen

heiter

und
Zielen
und
spi

en
weiter unter

einem Zucker

immel
Krieg

Ballade von der glücklichen Rückkehr

Genug! Genug. Eines Tages ist es genug.
Kauern wir unter wehenden Eisfahnen?
Liegen wir erschöpft unter dem Kreuz des Südens
in einer mondlosen Tropennacht?
Es ist genug.
So weit sind wir gegangen,
so hoch sind wir hinaufgestiegen, immer höher,
bis uns der nächste Schritt ins Blaue geführt hätte,
in die Wolken, nur noch ins Leere.

Über Packeis, Gletscherspalten, Geröll
und die Dünensicheln des Großen Sandmeers
sind wir gezogen, getaumelt, bis hierher,
bis an den Rand unserer Kraft.
Aber eines Tages, aber jetzt
ist es genug.

So lange haben wir bloß geträumt:
von den Eiskronen der Pole,
von den Quellflüssen des Amazonas, Niger und Nil.
Von den flimmernden Seen der Luftspiegelungen
in den Wüsten Takla Makan, Gobi und Tanezrouft.
Geträumt von Gipfeln: Annapurna, Lhotse, Manaslu,
Kangchendzönga, Shisha Pangma,
Dhaulagiri und Chogori
und schließlich sogar davon,
daß unter unseren Füßen der höchste

aller Berge läge: Sagarmatha! Chomolungma.
Der, den die einen mit heiligen Namen tauften
und andere aus der Ferne bewarfen
mit dem Namen des Landvermessers George Everest.
Er, der allerhöchste unter unseren Füßen!

Genug. Eines Tages tragen unsere Ziele
entweder den Schmuck unserer Spuren,
Felswände die Kerben von Eisäxten,
die Schneekuppen der oberen Troposphäre
Wimpel, Gebetsfahnen,
und Dünen das verwehende Gewirr unseres Auftritts,
oder Wildnis, Schnee, Sand und Morast
bleiben ungeschmückt,
und es zwingen uns zur Umkehr:

Orkan. Hunger. Wunden.
Höhenwahn. Fieber. Angst.
Die Erschöpfung oder das Heimweh.
So oder so:
Eines Tages kehren wir unseren Träumen
den Rücken
und machen uns auf den Weg in die Tiefe,
zurück zu den Menschen.

Wie viele sind wohl vor uns
auf diesem Weg verschwunden, ins Eis gesunken,
in fauliges Wasser, in den Treibsand?
Der Weg zu den Menschen, zurück ins Vertraute
verzehrt noch größere Kräfte
als die Routen ins Innere eines Traums.

Aber wir wollen doch nur dorthin,
wo wir herkommen,
wir wollen, sagen wir, keuchen wir, heulen wir,
nichts wie weg.
Wir wollen nach Hause!

Du schwarzer Himmel!, unter dem wir jetzt
so allein sind.
Was haben wir nicht alles auf uns genommen
seit jenem Morgen, an dem wir unser Bett,
das Haus, die Liebsten verlassen haben
und auf und davon gegangen sind.
Auf und davon.

Nächte in Schneehöhlen, Polarlichter,
Luftspiegelungen
haben wir gegen eiserne Tagesordnungen getauscht,
saubere Bettwäsche gegen ein Biwak im Eis,
von Rosen gesäumte Seepromenaden
gegen Treibsand,
ein *candle light dinner* gegen Hunger und Krämpfe,
Sommerabende gegen die arktische Finsternis.

Dort die allgegenwärtigen Nachbarn,
hier die Verlassenheit.
Dort Milchseife, Lidschatten, Lavendel,
hier Würmer und Fliegenlarven unter der Haut.
Rachen und Mund wie in Flammen,
die Zunge ein verkohltes Stück Fleisch.
Dieser Durst.
Der Durst war die schlimmste aller Plagen.
Oder war es die Atemnot?

Neunundzwanzigtausend Fuß
über dem Spiegel des Meeres
haben wir um Luft gehechelt.
Wie Himmelsmatrosen zur Wolkenbestattung
in unsere Schlafsäcke geschnürt,
an Felsbalkone und Zinnen genagelt,
haben wir im Stehen zu schlafen versucht,
weil unter hängenden Eiswänden
kein Platz zum Liegen war.

Der Himmel über unserem Ziel
war von einem so dunklen, metallischen Blau,
daß uns selbst um die Mittagszeit
Sternbilder erschienen:
Schwan, Delphin, Drache, Andromeda.

Atemnot, Höhenwahn, alles, was dort,
wo wir herkamen, unerträglich schien,
haben wir ertragen
und sind Schritt für Schritt
Graten und Schneepyramiden entgegengetaumelt,
die Schritt für Schritt zurückwichen vor uns.
Und wozu alle Plagen?

Auf höchste und heilige Berge sind wir gestiegen,
weil sie da waren, einfach da.
Ach ja, sie standen im Weg
zwischen uns und der Ferne,
ach ja, und eine unsichtbare Linie
schien durch Gletscherabbrüche
und Kaskaden aus Stein
in die Höhe zu führen, weiter hinauf
ein Faden, nur für uns sichtbar

durch ein vertikales Labyrinth
ins Leere.
Unser Weg!

Der Ozean, die Meere haben uns verführt,
weil unter einem von Wellenkämmen
gefiederten Horizont das nie Gesehene lag:
ungetaufte Häfen, namenlose Gärten, unser Glück.

Was ist und was war, konnte nicht alles sein.
Und so haben wir selbst im Herzen der Wüste
blühende Städte vermutet, Oasen,
weiße Paläste, Zarzura,
das Paradies.

Genug!
Was es auch war, was wir hatten,
es war niemals genug.
Denn dort, weit draußen und über den Wolken,
ja selbst in der Finsternis der pazifischen Tiefsee,
irgendwo dort unten, dort oben
mußte etwas zu finden sein,
das zumindest entfernt
den Malereien unserer Tagträume glich.

Und so gingen und stiegen und drifteten wir,
trudelten, schwammen wir weiter,
von einem Pol zum andern, über Ozeane
und die weißen Ketten des Himalaya
und Karakorum hinweg, den Äquator entlang
und bogen so unsere Wege zum Kreis.

Und eines Tages
war es genug, und wir kehrten glücklich
oder gezwungen von irgendeiner Not
unseren Träumen den Rücken und sagten:
Genug, wir wollen nach Hause.

Seltsam, wie fern
am Rande der Erschöpfung, am Ziel
alles Vertraute erscheinen kann.
Unerreichbar das Bett, die Wohnung, die Liebsten.
Der Gipfel des Chomolungma,
der Everest unter unseren Füßen,
Zarzura, die Weiße Stadt, zum Greifen nah!
Aber unser Bett: unerreichbar.

Unsere Zuversicht, unsere Kräfte,
Wasser und Brot, selbst die Luft in den Lungen
– alles erschöpft, alles zur Neige.
Nur Weite, Tiefe, Verlassenheit,
davon gibt es auch jetzt noch
und immer genug.
Ein Königreich für ein Bett!
Nichts wie weg, heulen wir,
weg von hier, nichts wie zurück.

Wer sein Ziel erreicht hat, wer in der Ferne
ganz oben, ganz unten angekommen ist,
der muß erkennen,
daß noch nicht einmal die Hälfte
der Strecke hinter ihm liegt,
daß die Flucht zurück ins Vertraute
länger und schmerzhafter werden kann,
als der Weg ins Ungewisse je war.

Genug! Zurück! Weiter!
Alles sind wir bereit zu ertragen, alles,
um endlich dort anzukommen,
von wo wir aufgebrochen sind
vor einer Ewigkeit.

Aber wie langsam und widerwillig
uns nun das Vertraute entgegenkommt,
unerträglich langsam,
so wie damals der Südgipfel des Everest
oder die dunklen Buchten von Nowaja Semlja.
Entgegen? Es schwindet mit unseren Kräften,
scheint schon verloren.

Jetzt, wo wir endlich
nach Hause wollen, hinab in die Tiefe,
weicht das Nächste und Liebste
vor uns zurück.
Träumen wir?

Vielleicht, träumen wir, vielleicht,
eines Tages, werden wir ankommen.
Türen werden sich öffnen, keine Abgründe,
Arme, keine Spalten im Eis.
Wir werden umarmen und umarmt werden.
Rotweinkaraffen, Gärten, gedeckte Tische,
alles wird leuchten
in den Farben unseres Heimwehs,
alles so, wie es war.

Und in der Nacht nach unserer Rückkehr
werden wir schlafen,
zum ersten Mal seit Monaten,

seit einer Ewigkeit schlafen,
überwältigt vom Glück, wieder zu sein,
wo wir vor langer Zeit waren.

Schlafen werden wir,
bis ein Geräusch uns weckt, ein Wort
und noch eines, klingende Namen,
Nanga Parbat, Cho Oyu,
Stimmen aus einer Tiefe,
in die kein Lot mehr hinabreicht, kein Seil,
Brahmaputra, Mekong, Titicaca!
Ein Stimmengewirr, ein Chor
und sein Refrain: Auf und davon!
Auf und davon!

Schiffsschrauben, Triebwerke,
die Kufen eines Hundegespanns,
das Knirschen von Schritten im Schnee
und im Sand, auf und davon,
flüstert, braust es in unseren Ohren,
auf und davon, wer bleibt, ist verloren,
singt es und keucht es im Chor,

bis unser Bett, in dem wir
zwischen Federkissen, Gischt und Daunen,
Schaumkronen, Sandwirbeln,
Decken aus Kaschmir und Schnee
geborgen sind,
eine Ruhestatt im Netz der Längen- und Breitengrade
sachte erschüttert, gehoben! wird
und langsam und unaufhaltsam
zu fliegen beginnt.

Ballade von der glücklichen Rückkehr
Christoph Ransmayr

es ist genug so weit sind wir

gangen, so hoch sind wir hinaufgestiegen

über die Dünensicheln des großen Sa
wir getragen, getaumelt, bis hier her, bis
aber eines Tages, aber je

meeres und Kraft.
Rand unserer
ist genug.

So lange haben

daß geträumt:

von den Eiskronen der Pole, von den Qu
Niger und Nil. von den flimmernden
in den Wüsten Takla Makan, Gobi
geträumt von Gipfeln

lüssen des Amazonas,
Luftspiegelungen

Geträumt von Gipfeln: Nang
Dhaulagiri und Chogri und
Sagarmatha und

Shisha Pangama
und der höchste aller Berge:

Genug! Genug. eines Tages ist

Spiegelungen

Was für ein gleißender Spiegel!
Ein Spiegel? Na und?
Kennen wir:
Schleudert Lichtstrahlen
nach den Gesetzen der Physik
an ihre Quellen zurück

und könnte ein Beispiel abgeben
auch für andere Fälle des Lebens:
Was immer uns trifft,
wird seitenverkehrt
und mit annähernder Lichtgeschwindigkeit
zurückgeworfen
an den Ort seines Ursprungs.
Danke, ließe sich dann sagen,
danke für die Gabe,
herzlichen Dank, brauchen wir nicht.

Aber das hier, dieses unsagbar
glatte Wasser der Bucht,
der Spiegel des Ionischen Meeres,
liegt in der Windstille so unbewegt,
als wäre die oberste Schicht
der blauen Tiefe
mit Silber oder Aluminium bedampft
und zum Abbild der Küste

und allem geworden,
was nicht submarin
abfällt zum Grund.

Und aus diesem Spiegel
steigt ein junger, vom Salzwasser
durchnäßter Mann,
um den herum
(nach seinem Sprung
über die Bordwand einer Pinasse)
das Meer wieder zu quecksilbriger
Reglosigkeit erstarrte.

Bis über die Knie
steht der junge Mann
und wie eingegossen in flüssiges Metall
auf sandigem Grund:
Im seinem Rücken die See,
die Pinasse und das Mutterschiff,
vor sich den nur noch zehn,
zwölf Schritt entfernten Strand.

Die Besatzung seines Schiffes
und die Ruderer der Pinasse
beobachten ihn schweigend
und wären bereit, ihm beizustehen
gegen eine von Waffen, Schmuck
und kostbaren Kleidern
glitzernde Menge,
die den Ankömmling
an der Strandsichel erwartet.

Eine plötzliche Brise raspelt
den Spiegel auf und läßt das Bild
des Landgängers erzittern.

Zehn, zwölf Schritt vor ihm,
am hitzeflirrenden Strand,
aus dem sich im nächsten Windstoß
kurze Sandfontänen erheben
und gleich wieder hinlegen
und dabei klingen, als fielen Nadeln
gegen eine Erde aus Glas,
steht inmitten seines Gefolges
ein König.

Es ist Nestor, der Herrscher von Pylos,
der Argonaut, der Iason einst half,
das Goldene Vlies zu erbeuten,
und zum Admiral einer
Flotte von neunzig nach
Troja befohlenen Schiffen wurde.
Und so auch zum Waffenbruder
von Odysseus, dem Städtezerstörer.
Er lächelt.

Telemach, Sohn des Odysseus,
von der Küstenwache und seinen Spähern
seit Tagen angekündigt,
steht bis über die Knie
im klaren Wasser der Bucht vor ihm,
beugt sein Haupt,
wie das Gesetz es befiehlt,

und sinkt vor der Majestät
an die Sandwellen des Grundes,
bis ihm das Meer
an die Brust schlägt.

Wie aus der Not eines Ertrinkenden
ruft dieser Junge aus Ithaka
ihm aus dem Wasser
noch vor dem gebührenden Gruß
jene Frage zu, mit der befrachtet
er im Auftrag seiner Mutter Penelope
(die dabei kaum von ihrer Webarbeit
aufblickte) in seiner herrenlosen Heimat
Segel gesetzt hat:

Mein Vater! Wo ist mein Vater?
Ihr habt doch Schulter an Schulter
mit ihm gekämpft
und mit ihm triumphiert.
Troja liegt in Trümmern!

Der König wird den Jungen
(der offensichtlich nicht weiß,
wie ein Herrscher zu grüßen ist)
mit allen Ehren empfangen,
zuckt aber jetzt nur die Achseln
und lächelt, und es sieht aus,
als schüttle er bloß Sand
von seinem meerblauen Mantel,

und hebt seine Hand
und zeigt gegen den in Dunstschleiern
verdampfenden Horizont.

Verzeichnis der Arbeiten von Anselm Kiefer

Odysseus – Christoph Ransmayr
2022
Aquarell, Bleistift und Kohle
auf Gips auf Karton
12 Seiten (Titelseite, 5 Doppelseiten, Rückseite)
70,5 × 56 × 7 cm

Der Einzige – von Christoph Ransmayr
2022
Aquarell, Bleistift und Kohle
auf Gips auf Karton
16 Seiten (Titelseite, 7 Doppelseiten, Rückseite)
80 × 67 × 11 cm

Trost des Juweliers – Christoph Ransmayr
2022
Aquarell, Bleistift und Kohle
auf Gips auf Karton
16 Seiten (Titelseite, 7 Doppelseiten, Rückseite)
80,5 × 65,5 × 10 cm

Nachrichten aus der Höhe –
Christoph Ransmayr
2022
Aquarell, Bleistift und Kohle
auf Gips auf Karton
20 Seiten (Titelseite, 9 Doppelseiten,
Rückseite)
78 × 60 × 9 cm

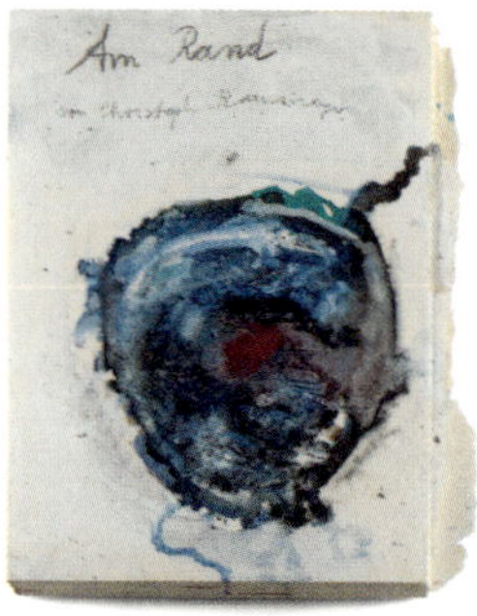

Am Rand – von Christoph Ransmayr
2022
Aquarell, Bleistift und Kohle
auf Gips auf Karton
16 Seiten (Titelseite, 7 Doppelseiten,
Rückseite)
80 × 68 × 8 cm

Činggis Quan – Das Blau des Himmels
2022
Aquarell, Bleistift und Kohle
auf Gips auf Karton
16 Seiten (Titelseite, 7 Doppelseiten,
Rückseite)
80 × 62 × 9 cm

Christoph: Unter einem Zuckerhimmel
2022
Aquarell, Acryl, Kohle und Kohle
auf Gips auf Karton
16 Seiten (Titelseite, 7 Doppelseiten,
Rückseite)
80 × 67 × 10 cm

Ballade von der glücklichen Rückkehr
2022
Aquarell, Acryl, Kohle und Kohle
auf Gips auf Karton
16 Seiten (Titelseite, 7 Doppelseiten,
Rückseite)
80,5 × 65 × 10 cm

Christoph Ransmayr lebt nach Jahren in Irland und auf Reisen wieder in Wien. In der Reihe »Spielformen des Erzählens« erschien 2014 der Band »Der Ungeborene oder Die Himmelsareale des Anselm Kiefer«. Seither gehen der Schriftsteller und der Maler immer wieder gemeinsame Wege – in der Landschaft und in der Kunst. Für seine Romane »Die Schrekken des Eises und der Finsternis«, »Die letzte Welt«, »Morbus Kitahara«, »Der fliegende Berg«, »Cox oder Der Lauf der Zeit«, »Der Fallmeister. Eine kurze Geschichte vom Töten« und den »Atlas eines ängstlichen Mannes« erhielt Christoph Ransmayr zahlreiche, auch internationale Auszeichnungen, sie wurden in über 30 Sprachen übersetzt.

Anselm Kiefer, geboren 1945 in Donaueschingen, ist einer der innovativsten und bedeutendsten Künstler unserer Zeit. Seine künstlerische Praxis umfasst verschiedene Medien wie Malerei, Bildhauerei, Holzschnitt, Fotografie, Film, Künstlerbuch, Installation und Architektur. Sich der jüngsten deutschen Geschichte zu stellen, das »Nichtdarstellbare« in Bilder zu fassen, blieb bis weit in die 90er Jahre sein vorrangiges künstlerisches Anliegen. Die Auseinandersetzung mit der deutschen Geschichte und Mythologie erweiterte er Mitte der 90er Jahre auf die Erforschung der menschlichen Existenz und der zyklischen Natur von Geschichte anhand von Themen und Motiven aus Literatur, Philosophie, Wissenschaft und Religion.